VENTE

Du Samedi 7 Mai 1904

HOTEL DROUOT, SALLE N° 6

A DEUX HEURES

OBJETS D'ART

ET

D'AMEUBLEMENT

COMMISSAIRE-PRISEUR

Me PAUL CHEVALLIER

10, rue Grange-Batelière

EXPERT

M. HENRI LEMAN

37, rue Laffitte

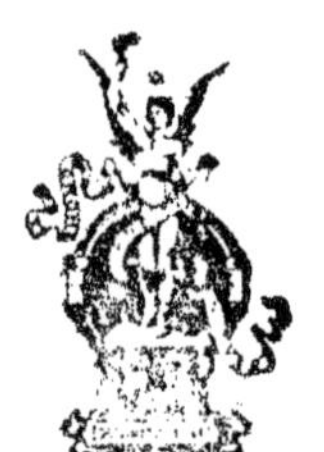

CATALOGUE

DES

OBJETS D'ART

ET

D'AMEUBLEMENT

FAIENCES, IVOIRES, BRONZES

STATUETTES ET GROUPES EN BOIS SCULPTÉ

Des XVe et XVIe siècles

INSTRUMENTS DE MUSIQUE, OEJETS VARIÉS

TABLEAUX — MEUBLES

TAPISSERIES ET ÉTOFFES

Le tout appartenant à Madame ***

ET DONT LA VENTE AURA LIEU

HOTEL DROUOT, SALLE N° 6

LE SAMEDI 7 MAI 1904

à deux heures

Me PAUL CHEVALLIER	M. HENRI LEMAN
COMMISSAIRE-PRISEUR	EXPERT
10, rue Grange-Batelière, 10	37, rue Laffitte, 37

EXPOSITION PUBLIQUE

Le Vendredi 6 Mai 1904, de 1 heure 1/2 à 5 heures 1/2

CONDITIONS DE LA VENTE

Elle se fera expressément au comptant.

Les acquéreurs paieront *dix pour cent* en sus des prix d'adjudication.

L'exposition mettant le public à même de se rendre compte de l'état et de la nature des objets, il ne sera admis aucune réclamation, une fois l'adjudication prononcée.

Paris — Imp. de l'Art, E. Moreau et Cie, 41, rue de la Victoire

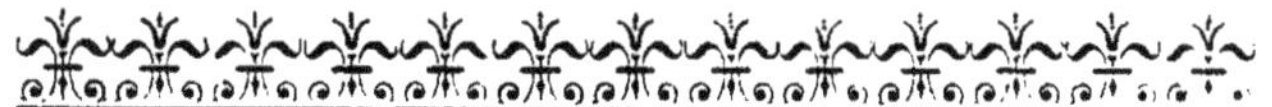

DÉSIGNATION

CÉRAMIQUE

1 — Cornet en ancienne faïence italienne, à décor de personnage et de trophées.

2 — Vase à panse ovoïde, à goulot, et muni d'une anse surélevée: en ancienne faïence italienne, décoré d'un médaillon représentant la Vierge et l'Enfant et de rinceaux.

Haut., 26 cent.

3 — Paire de petits cornets à pharmacie en ancienne faïence italienne, à décor de rinceaux et de mascarons.

Haut., 9 cent.

4 — Deux montants, décorés de cariatides de femmes. Terre émaillée blanche sur fond vert.

Haut., 60 cent.

5 — Quatre panneaux, composés de carreaux en faïence de Delft, à décor de personnages et de maisons.

6 — Grand plat rond en ancienne faïence italienne, décoré au fond d'un buste de femme, avec l'inscription : TALANTA BELLA. Le marli est orné de trophées guerriers. (Restauré.)

Haut., 41 cent.

7 — Bouteille carrée en ancienne faïence de Delft, décorée, sur chacune de ses faces, d'un personnage debout.

Haut., 27 cent.

8 — Bouteille carrée en ancienne faïence de Delft, à décor de personnages et d'ornements.

Haut., 30 cent.

9 — Plateau circulaire en ancienne faïence italienne, à reflets métalliques, décoré de feuillages.

Diam., 25 cent.

10 — Plat ovale en terre émaillée de la suite de B. Palissy, orné au fond d'une figure de Pèlerin, marchant appuyé sur un bâton.

Long., 27 cent.; larg., 21 cent.

11 — Plat ovale en ancienne faïence de Castelli, représentant des amours vendangeurs. Cadre en bois noir.

Long., 22 cent.

12 — Plat en faïence, décoré d'un buste de femme et de branches de feuillages.

Diam., 36 cent.

13 — Cornet à pharmacie en ancienne faïence italienne, à décor bleu et jaune sur fond blanc.

Haut., 21 cent.

14 — Cruche, de forme cylindrique, en grès de Kreussen, à décor d'ornements en couleurs bleu, rouge et blanc, sur fond brun; couvercle en étain. XVIe siècle.

Haut., 15 cent.

15 — Cruche en grès de Kreussen, à décor de godrons émaillés en couleurs; couvercle en étain. XVIe siècle.

Haut., 26 cent.

16 — Cruche en grès de Raeren, décorée d'une frise de personnages, de godrons et d'animaux. XVIe siècle.

Haut., 38 cent.

17 — Pot à anse en grès, à décor de mascarons et de personnages en couleurs sur fond brun.

Haut., 25 cent.

IVOIRES

18 — Deux statuettes en ivoire, représentant Saint Pierre et Sainte Thérèse. XVIIe siècle.

Haut., 17 cent.

19 — Statuette de Vierge en ivoire, debout, tenant l'Enfant Jésus. Socle en bois mouluré. XVIIe siècle.

Haut., 21 cent.

20 — Deux statuettes en ivoire, représentant, l'une Saint Joseph debout, tenant l'Enfant Jésus; l'autre, la Vierge et l'Enfant. XVIIe siècle.

Haut., 11 cent.

21 — Petit groupe en ivoire : la Vierge assise allaitant l'Enfant Jésus. XIVe siècle. Niche en bois de style gothique.

Haut., 75 cent.

22 — Deux petites statuettes en ivoire, représentant un homme et une femme en costumes d'apparat. XVIIe siècle. Socles en velours rouge.

Haut., 8 cent.

23 — Jolie statuette en ivoire, représentant un fleuve assis à terre, appuyé contre une amphore. XVIe siècle.

Haut., 65 cent.

24 — Gaîne en cuir, contenant un couteau et une fourchette, à manches d'ivoire sculpté représentant des groupes d'enfants nus. XVIe siècle.

25 — Statuette en ivoire, finement sculptée, représentant un pèlerin debout tenant son bâton. XVIIe siècle.

Haut., 12 cent.

26 — Joli christ en ivoire, dans un cadre en bois sculpté et doré. XVIIe siècle.

Hauteur du christ, 40 cent.
Hauteur du cadre, 90 cent.
Larg., 60 cent.

27 — Monstrance en ivoire, décorée de rosaces en marqueterie. Travail espagnol du XVIIe siècle.

Haut., 26 cent.

OBJETS VARIÉS

28 — Joli groupe en marbre tendre, représentant la Vierge assise, drapée dans un ample manteau, la tête couverte d'un voile et tenant l'Enfant Jésus sur ses genoux. XVe siècle.

Haut., 37 cent.

29 — Groupe en albâtre, à nombreux personnages, représentant la Mort de la Vierge. XVIe siècle.

Haut., 27 cent.; larg., 30 cent.

30 — Statuette d'ange agenouillé devant un vase contenant des lys. Albâtre. XVe siècle.

Haut., 32 cent.

31 — Bas-relief en albâtre, représentant la Circoncision. Cadre en pâte. Italie, XVIe siècle.

Haut., 23 cent.; larg., 20 cent.

32 — Coupe creuse, à deux anses, en émail peint de Limoges, représentant sainte Madeleine agenouillée près d'un rocher. Émaux de couleurs avec rehauts d'or et paillons. XVIIe siècle.

Diam., 115 millim.

33 — Coupe profonde, montée sur piédouche, en verre de Venise à filets bleus. Le fond est orné de larges godrons. XVIe siècle.

Diam., 27 cent.

34 — Statuette de Christ debout, le bras droit levé. Bronze. XVIe siècle.

Haut., 18 cent.

35 — Petit mortier orné de cariatides et de médaillons à personnages. Bronze du XVIe siècle.

36 — Applique de porte en bronze, ornée de rinceaux terminés par des têtes d'animaux, et de deux mascarons. XVIIe siècle.

Haut., 15 cent.

37 — Deux statuettes en bronze, représentant des enfants nus debout, les mains ramenées contre la poitrine. XVIe siècle.

Haut., 23 cent.

38 — Petit cadre en bronze doré ; les montants sont ornés de deux figurines d'anges, et les traverses de têtes d'anges ailés. XVIIe siècle.

Haut., 20 cent.; larg., 125 millim.

39 — Petite statuette-applique de Vierge debout sur le croissant lunaire et tenant l'Enfant Jésus. Bronze doré. XVIIe siècle.

Haut., 11 cent.

40 — Plaquette en bronze doré, représenant la Vierge et l'Enfant Jésus. Cadre Renaissance en bronze doré. XVIe siècle.

Haut., 18 cent.; larg., 12 cent.

41 — Vierge tenant l'Enfant Jésus. Bronze doré. XVe siècle.

Haut., 13 cent.

42 — Custode, de forme hexagonale, en cuivre gravé, montée sur un pied polylobé et muni d'un haut toit conique, surmonté d'une croix. XVe siècle,

Haut., 32 cent.

43 — Calice en argent. Le pied, polylobé, est orné d'inscriptions et d'emblèmes gravés, représentant les instruments de la Passion. XVe siècle.

44 — Aquamanile en dinanderie, en forme de lion. L'anse est formée d'un dragon.

Haut., 21 cent.

45 — Paire de flambeaux porte-cierges en dinanderie. La tige, à balustre, repose sur trois pieds formés par des lions assis.

Haut., 25 cent.

46 — Monstrance en cuivre, surmontée d'une croix et d'une petite galerie, à fleurons ajouré. Le nœud est orné de six fleurettes émaillées. Le pied est hexagonal et uni. xve siècle.

Haut., 30 cent.

47 — Ciboire, de forme sphérique, surbaissé en cuivre doré, le couvercle est surmonté d'une croix ornée du Christ. xve siècle.

Haut., 27 cent.

48 — Petit plat en étain, orné, au fond, d'un médaillon représentant la Crucifixion, et au marli des douze apôtres. xvie siècle.

Diam., 20 cent.

49 — Plat analogue. Le médaillon du fond représente FERDINAND II. Le marli est orné de onze figurines équestres, avec les noms des personnages. xvie siècle.

Diam., 20 cent.

50 — Légumier en argent, à couvercle, surmonté d'un bouton plat, orné d'une tête de femme et muni de deux anses plates, ornées de bustes et de rinceaux. xviie siècle.

51 — Deux petits flambeaux en argent, à tiges-balustres et base plate, à pans coupés. xviie siècle.

Haut., 16 cent.

52 — Marmite en dinanderie, à couvercle plat, reposant sur trois pieds. Les attaches des anses sont formées par des cariatides. xvie siècle.

Haut., 18 cent.

*

53 — Gourde, de forme ovoïde, à panse côtelée par de larges godrons, décorés de rinceaux. Cuivre repoussé.

Haut., 22 cent.

54 — Petit coffret en fer, à couvercle bombé; serrure à moraillon, décoré de fenestrâges gothiques. XVe siècle.

55 — Vasque en cuivre, ornée de godrons, avec support à trois pieds en fer forgé.

56 — Bassine en cuivre gravé.

57 — Bassine en cuivre gravé.

58 — Fontaine et son bassin en étain gravé.

59 — Petit coffret rectangulaire, à couvercle plat, orné de sujets à nombreux personnages en pâte blanche sur fond d'or. Italie, XVIe siècle.

Long., 16 cent.; haut., 9 cent.

60 — Pulvérin rond en bois, orné de marqueterie d'ivoire et de métal. Garniture en argent. XVIIe siècle.

61 — Paire de pistolets, garnis de filigrane d'argent. Travail oriental.

62 — Petit miroir en bois, orné de plaques de fer gravé, du XVIe siècle.

63 — Petit coffret, plaqué d'ambre de couleurs. Quelques plaques sont gravées de paysages maritimes, de fleurs et de rinceaux. Italie, XVIIe siècle.

Haut., 16 cent.; larg., 20 cent.

64 — Petit modèle de fauteuil, à haut dossier, en bois sculpté et doré. XVIIe siècle.

Haut., 40 cent.

65 — Boite en cuir, de forme rectangulaire, à pans coupés, décorée d'un écusson armorié, de fleurettes, et d'ornements dorés.

Long., 35 cent.; larg., 27 cent.

66 — Boite plate en cuir, munie d'une serrure à moraillon et de crochets en cuivre. XVIIIe siècle.

67 — Reliure en cuir, décorée d'ornements dorés au fer, et munie de deux empreintes de sceaux en cire.

68 — Reliquaire, en forme de cœur, en bois, orné sur les deux faces et sur la tranche de médaillons contenant des verres églomisés, des pâtes et des reliques diverses. XVIIe siècle.

Haut., 15 cent.

69 — Petit coffret en bois, à toit à pans, orné d'incrustations de nacre et d'une garniture de cuivre gravé. XVIIe siècle.

70 — Viole de gambe, en très bon état de conservation, avec incrustations d'ivoire. A l'intérieur la marque *Sèraphino* et la date *1612*, et l'étiquette de *Lupot, luthier, rue Croix-des-Petits-Champs*. Pièce très intéressante. Archet avec garniture d'ivoire.

Haut., 1 m. 35 cent.

71 — Mandoline, ornée d'incrustations de nacre, d'ivoire et d'écaille. XVIIe siècle.

72 — Mandoline, ornée d'incrustations de nacre et d'ivoire. XVIIe siècle.

73 — Petit coffret, à couvercle bombé, orné d'incrustations de nacre.

74 — Reliquaire formé d'une monture en bois noir, orné d'appliques en bronze doré, de forme rectangulaire, à toit conique et garni sur chacun des côtés de plaques de verre. XVIIe siècle.

Long., 45 cent.; larg., 24 cent.; haut., 50 cent.

75 — Cuisine d'enfant, garnie de tous les ustensiles, au nombre d'environ deux cents pièces, avec fourneau, tables, bancs, buffets, etc. Très curieux et rare ensemble.

Larg., 85 cent.; prof., 45 cent.; haut., 45 cent.

76 — Portique en bois sculpté, formé de deux colonnes à chapiteaux, supportant une traverse moulurée.

Haut., 40 cent.

77 — Longue boite, formant encrier, en bois peint, à décor de rinceaux feuillagés en or, sur fond noir.

Long., 48 cent.

78 — Selle, formant siège, en cuir garni de velours rouge et clouté de cuivre.

79 — Rouet et dévidoir en bois, à baguettes moulurées garnies d'ivoire.

80 — Miroir en bois, formé d'une applique en cuivre repoussé de forme ovale, représentant un écusson armorié.

Haut., 69 cent.; larg., 60 cent.

81 — Petite statuette de divinité indoue en bronze doré, incrustée de pierreries de diverses couleurs.

Haut., 4 cent.

82 — Coupe ronde et creuse en jade gris, ornée d'une bordure de palmettes.

Diam., 12 cent.

83 — Grands landiers en fer forgé, à décor de rinceaux.

Haut., 1 m. 65 cent.; larg., 1 m. 80 cent.

84 — Paire de chenets en fonte dorée, représentant deux jeunes bacchantes tenant : l'une des grappes de raisin, l'autre une coupe et une aiguière.

85 — Écran en bois sculpté, garni d'une large plaque rectangulaire d'émail cloisonné. Travail chinois.

Haut., 85 cent.; larg., 40 cent.

86 — Pendule, formée d'une figurine de Vestale debout, appuyée contre une urne funéraire posée sur un socle dans lequel est disposé le cadran. Base ornée de frises d'enfants et d'attributs. Albâtre. Époque Louis XVI.

87 — Lanterne de suspension en filigrane d'argent, garnie de plaques de cristal gravé.

88 — Deux grands lampadaires en cuivre, gravé et repercé. Travail oriental.

Haut., 1 m. 80 cent.

89 — Lanterne de suspension en cuivre, repercé et gravé. Travail oriental.

Haut., 75 cent.

90 — Support cylindrique en cuivre, gravé et repercé. Travail oriental.

Haut., 78 cent.

91 — Deux girandoles, à six lumières, en métal, gravé et niellé. Style oriental.

Haut., 60 cent.

BOIS SCULPTES

92 — Vierge agenouillée près d'un prie-dieu. Au fond, une banquette avec coussin et draperie. xve siècle. Socle console-applique en bois sculpté avec frise de feuillages.

Haut., 54 cent.

93 — Vierge debout portant l'Enfant Jésus. Anvers, xve siècle. La statuette est posée dans une niche fermant à volets, et surmontée d'un clocheton à fenestrages et fleurons découpés, de style gothique.

Haut., 75 cent.

94 — Groupe en bois sculpté, représentant quatre cavaliers armés de lances. L'un d'eux, au premier plan, tient en croupe un captif enchaîné. xve siècle.

Haut., 40 cent.; larg., 35 cent.

95 — Groupe en bois sculpté, représentant la Descente de croix. Composition à nombreux personnages. xve siècle.

Haut., 35 cent.; larg., 28 cent.

96 — Le Christ et la Madeleine. Groupe en bois sculpté. A l'arrière-plan, fond de paysages avec vue d'un château à tourelles. xve siècle.

Haut., 50 cent. ; larg., 35 cent.

97 — Sainte Catherine. Statuette-applique en bois sculpté, placée dans une niche à colonnettes et à dais surmonté de fenestrages et de clochetons gothiques. xve siècle.

Hauteur totale, 68 cent.

98 — Statuette de sainte femme, vue à mi-corps, la tête ornée d'une couronne. xve siècle.

Haut., 35 cent.

99 — Grande statuette de Vierge portant l'Enfant Jésus. xve siècle. Cette statuette est placée dans une niche-applique de style gothique à dais surmonté de clochetons, et repose sur une console ornée d'une figure de musicien.

Hauteur totale, 1 m. 50 cent.
Hauteur de la Vierge, 1 mètre.

100 — Pieta. Groupe en bois sculpté. xve siècle.

Haut., 40 cent.

101 — Joli groupe, représentant la Vierge assise tenant l'Enfant Jésus, auquel elle présente une pomme. Jésus tient de sa main gauche une colombe. Fin du xve siècle.

Haut., 55 cent.

102 — Buste de saint Jean, bois sculpté, xve siècle. Socle en bois mouluré.

Haut., 26 cent.

103 — Panneau en bois peint polychromé et doré, représentant dix des apôtres vus à mi-corps, disposés sur deux rangs. xve siècle.

Long., 95 cent.; haut., 42 cent.

104 — Statuette de Vierge en bois polychromé et doré, portant l'Enfant Jésus. xve siècle.

Haut., 30 cent.

105 — Deux très beaux panneaux en noyer sculpté, à décor de cuirs découpés, avec mascarons et têtes d'anges. Au milieu, un médaillon ovale est réservé et peint en or sur fond noir d'un H couronné. XVIe siècle.

Haut., 89 cent.; larg., 50 cent.

106 — Pieta. Joli groupe en buis finement sculpté, XVIIe siècle; niche en ébène, de forme contournée.

Haut., 19 cent.

107 — Groupe en bois peint. Saint personnage debout, drapé dans un manteau, ayant à son côté un ange. XVIIe siècle.

Haut., 46 cent.

108 — Statuette de Vierge, tenant l'Enfant Jésus; socle à pans, orné d'une tête d'ange ailé. Buis, XVIIe siècle.

Haut., 29 cent.

109 — Cadre rond en bois sculpté et doré, à décor de rinceaux feuillagés et surmonté d'une tête d'ange ailé. XVIIe siècle.

Diam., 27 cent.

110 — Statuette d'Enfant Jésus debout, bois sculpté et peint. XVIIe siècle.

Haut., 60 cent.

111 — Console-applique en bois sculpté, peint et doré, à décor de tête de chérubin, de fleurs, de feuilles et fruits. XVIIe siècle.

Haut., 53 cent.

112 — Deux colonnes en bois cannelé et munies de chapiteaux feuillagés. La base est ornée de pampes et de feuillages. XVIIe siècle.

Haut., 1 m. 44 cent.

113 — Miroir avec cadre, formé de panneaux gothiques en bois sculpté, à fenestrages découpés.

Haut, 1 m. 10 cent.; larg., 63 cent.

TABLEAUX

114 — Tableau sur bois, représentant Jésus montré au peuple. XVIe siècle.

Haut., 50 cent.; larg., 50 cent.

115 — Peinture sur panneau, représentant deux saints faisant ressusciter des enfants rôtis que l'on sert comme nourriture à des personnages assis autour d'une table. XVIe siècle.

Haut., 1 m. 5 cent. ; larg., 51 cent.

116 — Tableau sur bois, représentant une composition à nombreux personnages. Scènes tirées de la *Vie de Saint Thomas*. XVIe siècle.

Haut., 88 cent.; larg., 85 cent.

117 — Panneau sur bois : scène d'intérieure, représentant des personnages en visite chez une jeune accouchée. Bois. École hollandaise. XVIIe siècle.

Haut., 45 cent.; larg., 35 cent.

118 — Peinture sur cuivre, représentant la Vierge agenouillée, entourée d'anges adorant l'Enfant Jésus. XVIe siècle. Cadre doré.

Haut., 36 cent.; larg., 26 cent.

119 — Portrait d'Anne d'Autriche. Assise de trois quarts, à gauche, vêtue d'une robe rouge brodée, garnie d'une collerette de dentelles. Elle tient un éventail de la main droite et un mouchoir dans la main gauche. Peinture sur panneau. Cadre en bois sculpté et doré.

Haut., 32 cent.; larg., 25 cent.

120 — Portrait de femme, vue de face, vêtue d'un manteau à col relevé et d'une collerette tuyautée; parée d'un collier et d'un diadème. Bois. Cadre, de forme architecturale, à fronton triangulaire et à colonnettes de marbre. xvie siècle.

Haut., 60 cent.; larg., 42 cent.

121 — Buste de femme, de face. Peinture sur panneau. Cadre de forme architecturale, à fronton triangulaire et à colonnes détachées. xvie siècle.

Haut., 43 cent.; larg., 30 cent.

122 — Bustes d'homme et de femme. Peintures sur panneau. Cadres Louis XIII, à pans coupés.

Haut., 24 cent.; larg., 19 cent.

123 — Portrait de femme sur panneau, de trois quarts à droite; vêtue d'une robe montante et d'une large collerette garnie de dentelles. Cadre de forme architecturale, à fronton coupé et à colonnettes détachées. xvie siècle.

Haut., 44 cent.; larg., 30 cent.

124 — La Partie de chant. Trois dames, élégamment vêtues, sont assises autour d'une table, où des partitions de musique sont ouvertes. École hollandaise. xviiie siècle. Cadre en bois sculpté et doré.

Bois. Haut., 23 cent.; larg., 29 cent.

125 — Le Concert des Muses. Scène placée dans un paysage boisé. Panneau formé par un dessus de clavecin. XVIIIe siècle.

Larg., 1 m. 40 cent.; haut., 80 cent.

126 — Jeux d'enfants dans un jardin. École française. XVIIIe siècle.

Toile. Haut., 71 cent.; larg., 82 cent.

127 — Dessin à la plume rehaussé de couleurs. Scène à nombreux personnages, tirée de la Vie de l'Enfant prodigue. Cadre carré en bois sculpté et doré.

Rond. Diam., 28 cent.

128 — Gouache représentant de nombreux personnages assis dans une loge de théâtre. XVIIIe siècle.

Haut., 34 cent.; larg., 40 cent.

129 — Deux petites gouaches, représentant des joueurs de quilles et des personnages se balançant. Cadres en bois sculpté et doré. XVIIe siècle.

130 — Quatre petites gravures : Jeux d'enfants. Cadres ovales moulurés.

Larg., 14 cent.

MEUBLES

131 — Dressoir en bois sculpté. Le corps inférieur, formant armoire, ferme à une porte, décorée d'un médaillon à personnage, de sphinx, d'un aigle et de guirlandes de fleurs. Les montants sont ornés de mascarons sculptés et incrustés de plaques de marbre. La partie supérieure, à

fond plein, est ornée de panneaux à personnages et garnie d'une tablette supportée par des sphinx adossés à des colonnettes. En partie du XVIe siècle.

Haut., 2 m. 60 cent.; larg., 1 m. 10 cent.; prof., 52 cent.

132 — Table Renaissance, de forme rectangulaire, munie de deux rallonges, supportée par un piétement à sept colonnes unies et reposant sur des traverses.

Long., 1 m. 40 cent.; larg., 80 cent.

133 — Meuble à deux corps en bois sculpté. Le bas ferme à deux portes pleines, les montants sont ornés de cariatides sculptées. Le corps supérieur forme cabinet, muni de trois portes et de nombreux tiroirs. Les montants sont sculptés de personnages, et le haut est orné de quatre bustes et d'un écusson armorié. XVIIe siècle.

Haut., 70 cent.; larg., 95 cent.

134 — Banquette à haut dossier en bois sculpté, le le siège forme coffre. Italie, XVIe siècle.

Haut ,1 m. 50 cent.; larg., 1 m. 30 cent.

135 — Joli cabinet fermant à deux portes surmontées de cinq tiroirs disposés en deux rangs. L'intérieur est muni de nombreux tiroirs. Le cabinet repose sur une table à quatre pieds torses. Tout ce meuble est orné de figures, de fleurs et de rinceaux en incrustations d'ivoire. XVIIe siècle.

Cabinet : Haut., 65 cent.; larg., 78 cent.
Hauteur totale, 1 m. 50 cent.

136 — Cabinet fermant à deux portes et muni de tiroirs. Il est orné sur les côtés de colonnes torses; à la partie supérieure d'une galerie ajou-

rée, de vases et de statuettes d'amours. L'intérieur est garni de nombreux tiroirs ornés comme l'extérieur de fines moulures en ébène sculpté. Console à quatre pieds torses et à traverses. XVIIe siècle.

Haut., 1 mètre; larg., 1 mètre.
Hauteur totale, 1 m. 80 cent.

137 — Bureau hollandais en bois, décoré d'une marqueterie à fleurs. Le bas ferme à trois rangs de tiroirs surmontés d'un abatant contenant des tiroirs et des casiers. Le haut ferme à deux portes garnies de glaces. XVIIIe siècle.

Haut., 2 m. 55 cent.; larg., 1 m. 20 cent.

138 — Cabinet en laque, fermant à deux portes et orné d'incrustations de nacre. L'intérieur est muni de nombreux tiroirs. Support en bois noir.

Haut., 1 m. 35 cent.; larg., 85 cent.

139 — Petit cabinet d'applique en laque noir et or, formant une bibliothèque fermant à trois portes et à trois tiroirs. Les rayons sont garnis de petits volumes à reliures anciennes ornées de petits fers.

Haut., 55 cent.; larg., 61 cent.

140 — Cabinet en bois marqueté, décoré d'ornements et de rinceaux, fermant à deux portes et à nombreux tiroirs. Console à quatre pieds tournés. XVIIe siècle.

Haut., 60 cent.; larg., 95 cent.
Hauteur totale, 1 m. 45 cent.

141 — Petit meuble en bois laqué noir et or, en forme de commode, fermant à quatre tiroirs, et surmonté d'une glace mobile.

Haut., 78 cent.; larg., 42 cent.

142 — Petit modèle de toilette poudreuse en acajou.

Long., 49 cent.; haut., 37 cent.

143 — Glace biseautée, dans un cadre Louis XIII en ébène, à décor de moulures guillochées.

Haut., 1 m. 30 cent.; larg., 1 m. 20 cent.

144 — Glace biseautée, dans un cadre Louis XIII en ébène, à décor de fines moulures guillochées.

Haut., 1 m. 37 cent.; larg., 1 m. 20 cent.

145 — Berceau en bois, supporté par des colonnettes torses.

146 — Six chaises en bois sculpté; le dossier est ajouré et le siège garni de paille. XVIIIe siècle.

147 — Console en bois doré, formée de deux têtes d'anges ailés adossées. Au bas, une coquille retournée. Dessus en marbre vert.

Haut., 72 cent.

148 — Banquette Louis XIII, couverte de tapisserie au petit point,

Long., 1 m. 54 cent.; larg., 70 cent.

149 — Fauteuil Louis XIII en bois sculpté, couvert de soierie à fleurs.

150 — Deux fauteuils en bois sculpté, couverts en tapisserie au point de Hongrie. XVIIe siècle.

151 — Paravent chinois, à cinq feuilles, en bois de fer, décoré de branches fleuries, formées par des incrustations de jades et de pierres de couleurs. La base est sculptée. Le revers est laqué.

Haut., 1 m. 60 cent.; larg., 2 m. 60 cent.

TAPISSERIES, ETOFFES

152 — Panneau en tapisserie-verdure, à décor de larges feuilles, d'oiseaux et d'animaux. Fin du xve siècle. Encadrement de bordures, à décor de fruits et de mascarons du xvie siècle.

Haut., 3 mètres; larg., 1 m. 90 cent.

153 — Encadrement, formé de larges bordures de tapisseries, à décor de fleurs, de fruits et de médaillons à paysages. L'encadrement se compose de la bordure du haut et des deux côtés, plus de deux autres bandes latérales formant la décoration de deux fenêtres. xvie siècle.

Haut., 3 m. 60 cent.; larg., 4 mètres.

154 — Bandeau en ancienne tapisserie, à décor d'amours montés sur des sphinx et des tortues, de perroquets et de feuillages.

Long., 1 m. 65 cent.; haut., 48 cent.

155 — Large bandeau festonné, un autre bandeau et deux montants en velours violet, avec ornements de broderies et d'applications de couleurs, ayant formé le décor d'une cheminée. Travail français du xvie siècle.

Long., 2 m. 16 cent.; larg., 40 cent.
Long., 2 m. 4 cent.; larg., 40 cent.
Montants, Long., 1 mètre; larg., 24 cent.

156 — Grande bannière en velours, avec écusson armorié : fleurs, oiseaux et ornements brodés en couleurs; grosse cordelière et quatre glands dorés.

Haut., 1 m. 60 cent.; larg., 1 mètre.

157 — Bannière en velours rouge brodé d'or, ornée d'un médaillon, représentant la Vierge et l'Enfant, de chimères et de rinceaux. XVIe siècle.

Haut., 50 cent.; larg., 40 cent.

158 — Garniture de fenêtre en damas de soie rouge, composée de deux rideaux et d'un large bandeau garnis de frange.

Haut., 2 m. 90 cent.; larg., 1 mètre.

159 — Tapis d'Orient en soie. Le milieu est fond gris et la bordure de couleur sur fond rouge.

Long., 1 m. 80 cent.; larg., 1 m. 40 cent.

160 — Tapis d'Orient en soie, garni de franges jaunes.

Long., 2 m. 40 cent.; larg., 1 m. 60 cent.

161 — Tapis d'Orient en soie.

Long., 1 m. 80 cent.; larg., 1 m. 30 cent.

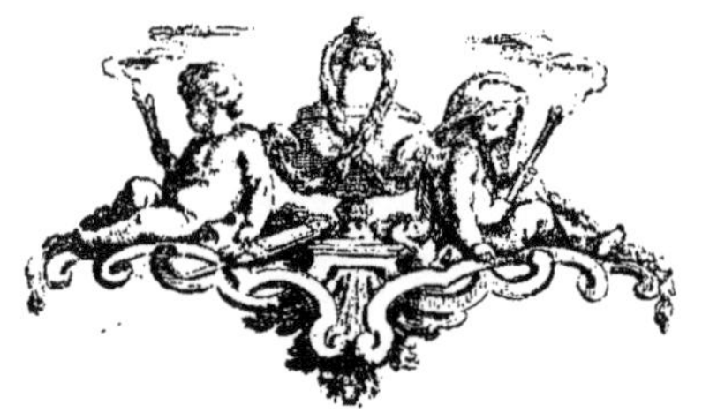

www.ingramcontent.com/pod-product-compliance
Ingram Content Group UK Ltd.
Pitfield, Milton Keynes, MK11 3LW, UK
UKHW020531180726
13839UKWH00005B/2442

9 782329 533209